Explorar la actividad
Volcánica

Nick Cimarusti, M.S.

✳ Smithsonian

T0021748

Autora contribuyente

Heather Schultz, M.A.

Asesoras

Liz Cottrell
Geóloga de investigación, Departamento de Ciencias Minerales
National Museum of Natural History

Tamieka Grizzle, Ed.D.
Instructora de laboratorio de CTIM de K-5
Escuela primaria Harmony Leland

Stephanie Anastasopoulos, M.Ed.
TOSA, Integración de CTRIAM
Distrito Escolar de Solana Beach

Créditos de publicación

Rachelle Cracchiolo, M.S.Ed., *Editora*
Diana Kenney, M.A.Ed., NBCT, *Realizadora de la serie*
Véronique Bos, *Directora creativa*
Caroline Gasca, M.S.Ed., *Gerenta general de contenido*
Smithsonian Science Education Center

Créditos de imágenes: págs.2–3 © Smithsonian; pág.4 Peter V. Bianchi/
National Geographic/Getty Images; pág.7, pág.14 (inferior) NASA; pág.10
(izquierda) Louise Gubb/Corbis a través de Getty Images; pág.13 USGS; pág.16
Dana Stephenson/Getty Images; pág.17 (inferior, izquierda) Douglas Peebles/
Science Source; pág.19 (inferior) NOAA/NASA; pág.21 Corbis a través de Getty
Images; pág.22 (izquierda) Julia Kuznetsova/Dreamstime; pág.23 Nature
Picture Library/Alamy; pág.24 Monica Schroeder/Science Source; pág.25
NOAA; pág.27 Hemis/Alamy; pág.32 (derecha) Manfred Thuerig/Dreamstime;
todas las demás imágenes cortesía de iStock y/o Shutterstock.

Library of Congress Cataloging-in-Publication Data

Names: Cimarusti, Nick, author. | Smithsonian Institution.
Title: Explorar la actividad volcánica / Nick Cimarusti.
Other titles: Exploring volcanic activity. Spanish
Description: Huntington Beach, CA : Teacher Created Materials, 2022. |
"Smithsonian Institution"--Cover. | Audience: Grades 4-6 | Summary:
"Earth is covered with volcanoes. They are exciting natural wonders.
Volcanoes are dangerous, and they can be destructive. But, they are
important to Earth's survival. Scientists who study volcanoes ask lots
of questions. Read to find the answers and learn more about volcanoes"--
Provided by publisher.
Identifiers: LCCN 2021044240 (print) | LCCN 2021044241 (ebook) | ISBN
9781087643762 (paperback) | ISBN 9781087644233 (epub)
Subjects: LCSH: Volcanoes--Juvenile literature.
Classification: LCC QE521.3 .C5518 2022 (print) | LCC QE521.3 (ebook) |
DDC 551.21--dc23
LC record available at https://lccn.loc.gov/2021044240
LC ebook record available at https://lccn.loc.gov/2021044241

Teacher Created Materials

5301 Oceanus Drive
Huntington Beach, CA 92649-1030
www.tcmpub.com
ISBN 978-1-0876-4376-2
©2022 Teacher Created Materials, Inc.

Contenido

¡Ponte a cubierto!

Imagina que eres un pescador en el año 79 d. C. Acabas de amarrar tu barco cerca de un mercado en Pompeya, Italia. Mientras la tripulación descarga el barco, disfrutas la brisa del mar. De repente, oyes gritos que vienen de las calles. El cielo se llena de nubes oscuras.

Alguien grita al pasar: "¡El monte Vesubio está haciendo erupción!". El monte Vesubio es el volcán cercano. Multitudes de personas corren por su vida. Las **cenizas** hacen que sea difícil respirar. ¿Cuándo se detendrá?

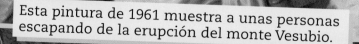

Esta pintura de 1961 muestra a unas personas escapando de la erupción del monte Vesubio.

4

¿Qué es un volcán?

Los desastres como el del Vesubio inspiran a los científicos a estudiar los volcanes. Puede parecerte que no te afectarán a ti, pero en todo el mundo hay personas que viven cerca de volcanes activos. Los volcanes activos son aquellos que han entrado en erupción en los últimos 10,000 años.

Hay volcanes de diferentes formas y tamaños. Los científicos pueden aprender mucho sobre el planeta estudiando los volcanes. Son como ventanas al interior de la Tierra. Permiten ver qué hay dentro.

Los científicos que estudian los volcanes tienen un título especial. Se llaman vulcanólogos. Viajan a los volcanes para aprender acerca de ellos. Tratan de descubrir cómo funcionan los volcanes y en qué lugares se encuentran.

¡El monte Vesubio sigue activo! Su última erupción fue en 1944.

Ser vulcanólogo

La Tierra tiene una larga historia. Los volcanes son una parte importante de ese pasado. Dejan pistas, como gases y rocas. Los vulcanólogos estudian esas pistas. Pueden aprender mucho de los volcanes. Pueden aprender sobre el pasado de la Tierra. También pueden aprender sobre geología. En los volcanes se puede ver la **geología** en acción.

Los vulcanólogos tienen un trabajo muy interesante. Viajan por todo el mundo para estudiar los volcanes. A veces viajan en helicóptero hasta la cima de un volcán. Pueden viajar a islas volcánicas. Una vez allí, quizá tengan que caminar mucho por montañas y colinas. Cuando llegan a su destino, cavan para obtener muestras. Anotan lo que ven. Luego, vuelven a casa y registran los datos. Pueden compartirlos con otros vulcanólogos. Los datos que reúnen son como diminutas cápsulas del tiempo de la Tierra.

Unos vulcanólogos toman muestras.

el monte Tambora desde arriba

ARTE

Oscura inspiración

Los vulcanólogos no son los únicos que se inspiran en la actividad volcánica. En 1815, el monte Tambora hizo erupción en Indonesia. Ese volcán afectó al planeta entero. El cielo quedó cubierto con nubes de cenizas durante más de un año. Muchos cultivos se congelaron y murieron. Hubo fuertes lluvias que causaron inundaciones. Las noches parecían más oscuras de lo normal. Una noche oscura y tormentosa en Suiza, la autora Mary Shelley se sintió inspirada. Shelley les contó a sus amigos una historia de miedo sobre la vida y la muerte. ¡Quedaron aterrorizados! Esa historia se convirtió en la novela *Frankenstein*.

Publicar las pistas

El Programa de Vulcanismo Global (GVP, por sus siglas en inglés) está formado por un grupo de vulcanólogos. El objetivo del programa es registrar la actividad volcánica de la Tierra.

El GVP registra y comparte datos de todas partes del mundo. Desde su fundación, ha compartido miles de informes. También almacena todos los informes de actividad volcánica en un **archivo**. Eso les será útil a los futuros vulcanólogos.

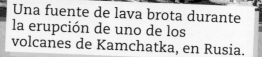

Una fuente de lava brota durante la erupción de uno de los volcanes de Kamchatka, en Rusia.

Hacer preguntas

Los científicos del GVP han aprendido mucho estudiando los volcanes. Aprendieron que las grandes erupciones ocurren en volcanes que han permanecido miles de años sin entrar en erupción. También aprendieron sobre la **frecuencia** de las erupciones. Hallaron que las erupciones pequeñas ocurren más seguido que las erupciones grandes. Aprendieron esas cosas haciéndose preguntas y trabajando para hallar las respuestas.

Los volcanes cambian la superficie de la Tierra. Esos cambios se miden. Se toman muestras de rocas y de cenizas. Los vulcanólogos examinan las muestras para averiguar su **composición**. Quieren saber qué hay en una muestra de ceniza.

cráter de un volcán

La piedra pómez es un tipo de roca volcánica que pueden encontrar los vulcanólogos.

La palabra *volcán* viene de *Vulcano*, el nombre del dios romano del fuego. Pero, aunque parecen despedir llamas, los volcanes nunca tienen fuego.

Los vulcanólogos tratan de visitar cada volcán. Pero ¡ir a un volcán en erupción es peligroso! Es por eso que los registros son útiles. La base de datos del GVP está llena de registros históricos.

Los vulcanólogos usan los registros históricos para aprender sobre los volcanes peligrosos. Las erupciones del pasado les enseñan sobre los volcanes actuales. Pueden responder preguntas sobre una erupción, como "¿Cuánto tiempo duró la erupción?", "¿Qué salió del volcán?" y "¿Quiénes se vieron afectados?".

CIENCIAS

¡Una bomba!

El magma es roca derretida. *Derretida* significa que la roca está tan caliente que se encuentra en estado líquido. Hay tres factores que influyen en la manera en que se comporta el magma. Ellos son la temperatura, el gas y la **viscosidad**, o cuán espeso o pegajoso es el magma. Cada tipo de magma causa un tipo de erupción diferente. El magma viscoso es explosivo. Eso se debe a que los gases quedan atrapados y la presión se acumula. Cuando el magma llega a la superficie de la Tierra, se le llama lava.

Es más seguro visitar los volcanes que no muestran señales de erupción. Los científicos pueden acercarse y recoger rocas para estudiarlas. Cada roca es diferente. Algunas rocas volcánicas son diminutas. Otras son bloques grandes. ¡Algunas están llenas de agujeros! Esas muestras cuentan historias. Los científicos pueden ver de qué parte del interior de la Tierra salieron las rocas. También pueden aprender cómo llegaron hasta la superficie.

Este volcán está ubicado en África.

África

Muchos, muchos datos

El GVP tiene una base de datos en línea para reunir datos sobre los volcanes. Las bases de datos organizan grandes cantidades de información. También son fáciles de usar. Cada erupción tiene su propio perfil. El perfil incluye la ubicación del volcán y otros datos. El GVP comparte esa información. El gobierno de Estados Unidos, la NASA y sitios web como Google Earth™ usan la base de datos del GVP. Se agrega información todas las semanas.

Cada erupción recibe un número. El número describe el tamaño de la erupción. La escala va del 0 al 9. Sirve para comparar las erupciones a lo largo del tiempo. ¡Un volcán de Estados Unidos una vez llegó a 5! Fue el monte Santa Helena, en Washington.

el monte Santa Helena en erupción

El sistema de tuberías de la Tierra

Los volcanes son como el sistema de tuberías de la Tierra. Solo se ve la parte de arriba del volcán. Piensa en el fregadero de una cocina. Solo se ve el grifo. Pero el grifo está conectado a tuberías que están ocultas debajo del fregadero. Las tuberías llevan el agua. Controlan la temperatura del agua. Puede haber magma debajo de la superficie, así como puede haber agua en las tuberías debajo de un fregadero.

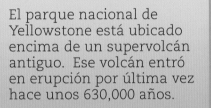

El parque nacional de Yellowstone está ubicado encima de un supervolcán antiguo. Ese volcán entró en erupción por última vez hace unos 630,000 años.

Los vulcanólogos estudian la Tierra en detalle. ¡La conocen por dentro y por fuera! La Tierra tiene cuatro capas. La capa superior se llama corteza. La corteza está dividida en piezas enormes y sólidas llamadas **placas tectónicas**. Las placas tectónicas son como las piezas de un rompecabezas.

Debajo de la corteza está el manto. El manto es una mezcla de roca líquida y roca sólida. Debajo del manto está el núcleo externo líquido. Debajo del núcleo externo está el núcleo interno sólido. Los científicos conocen las capas porque estudian las ondas de energía. Miden cómo viajan las ondas de energía a través de la Tierra.

manto

núcleo interno

núcleo externo

corteza

INGENIERÍA

Robots para volcanes

Los científicos quieren ver dentro de los volcanes, pero ¡las temperaturas son demasiado altas! Es por eso que inventaron robots para volcanes. Esos robots pequeños pueden meterse en los volcanes cuando los seres humanos no pueden. ¡Tienen dos ruedas que les permiten entrar sin problemas! Los científicos controlan a los robots desde una distancia segura. Los robots tienen cámaras que toman imágenes de video y fotos. También hacen mediciones y trazan mapas.

Sentir cómo se mueve la Tierra

¿Por qué entran en erupción los volcanes? Los científicos creen que la respuesta es la **convección**. La convección hace que las capas de la Tierra se muevan.

Debajo de la corteza, el manto siempre se mueve en grandes círculos. Ese movimiento hace que las placas tectónicas que están arriba también se muevan. A medida que las placas se mueven, el magma sube a través de las aberturas que hay en la corteza. Así se forman los volcanes.

Las áreas donde una placa se encuentra con otra se llaman límites de las placas tectónicas. Algunas placas chocan con otras. Otras se separan entre sí. Y algunas se deslizan debajo de otras placas. También hay límites en el fondo del océano. De hecho, ¡la mayoría de los volcanes están debajo del agua!

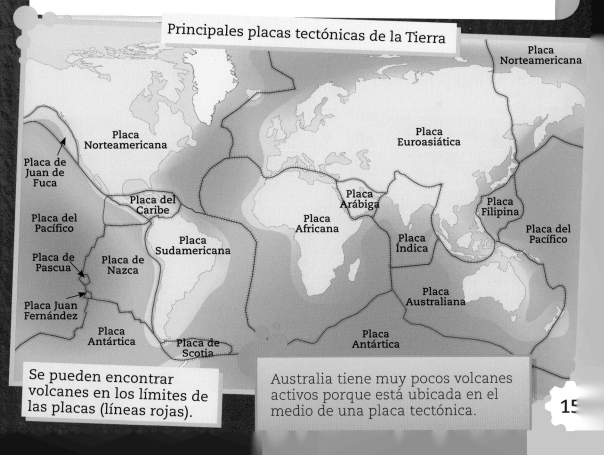

Principales placas tectónicas de la Tierra

Se pueden encontrar volcanes en los límites de las placas (líneas rojas).

Australia tiene muy pocos volcanes activos porque está ubicada en el medio de una placa tectónica.

Estructuras crujientes

Los volcanes tienen diferentes formas. Pero todos funcionan de la misma manera. Con el tiempo, se acumulan lava dura y rocas cerca de la abertura que da hacia un túnel más grande llamado **chimenea** central. La chimenea central tiene una gran longitud bajo tierra. Conduce hacia la **cámara magmática**.

Cada volcán es único. Pero los vulcanólogos tratan de organizar los volcanes en grupos. La forma de un volcán es resultado de sus erupciones. Los volcanes cono de ceniza son los más sencillos. Suelen entrar en erupción una sola vez. Los volcanes escudo son bajos pero anchos. La lava de esos volcanes generalmente brota como si fuera jarabe, en lugar de hacer grandes explosiones.

Los volcanes compuestos son volcanes grandes con forma de cono. Esos volcanes están entre los más altos. ¡Pueden medir más de 2,400 metros (8,000 pies) de altura! El magma de esos volcanes es muy explosivo. No entran mucho en erupción, pero sus erupciones son las más peligrosas.

cenizas

chimenea central

lava

corteza

cámara magmática

Partes de un volcán

un volcán compuesto en el monte Cotopaxi, Ecuador

un volcán de cono de ceniza en la isla Bartolomé, Ecuador

un volcán escudo en Hawái, Estados Unidos

¡Ahora empieza la acción! Las erupciones pueden ser violentas. Otras veces, la lava sale lentamente. ¡La lava puede moverse incluso más lento que una persona corriendo! Las erupciones pueden durar minutos o días. Algunas duran años. Cada tipo de erupción tiene nombre.

Los volcanes de Hawái tienen erupciones tranquilas y lentas. Pero la lava también puede salir disparada en chorros cortos. Eso se llama fuente de fuego, aunque no hay nada de fuego.

Las erupciones plinianas causan mucho daño. Se forman nubes enormes de ceniza y **flujos piroclásticos**. Esas nubes son como avalanchas de rocas, cenizas y gases calientes.

Sea cual sea el tipo de erupción, todas las erupciones volcánicas producen lava y gases. También pueden producir rocas **piroclásticas**. Esa mezcla luego explota y despide **fragmentos**. ¡La ceniza de las erupciones en realidad no es humo sino polvo de roca!

río de lava

flujo piroclástico

erupción
estromboliana

erupción vulcaniana

MATEMÁTICAS

Ojos en el cielo

Los vulcanólogos realizan muchas mediciones. Hasta los cambios más pequeños son importantes. Los satélites pueden rastrear los cambios que son demasiado pequeños para que los vean las personas. A veces, el suelo se infla antes de una erupción. Se hincha porque el magma se mueve hacia la superficie. Los satélites alertan a los vulcanólogos cuando esto sucede. Los satélites también permiten llevar un registro de más volcanes. Con los satélites, los científicos pueden observar todos los volcanes.

Lo que saben los vulcanólogos

Las erupciones son difíciles de predecir. Los científicos buscan señales de alarma. Una señal importante ocurre cuando hay terremotos pequeños cerca de un volcán. El magma en movimiento hace temblar el suelo. Los satélites también buscan cambios. Monitorean los volcanes desde el espacio. Pueden ver hasta los movimientos más pequeños.

Los vulcanólogos esperan poder **pronosticar** las erupciones algún día. De esa manera, quienes viven cerca de los volcanes estarían advertidos. Podrían prepararse mejor e irse si es necesario. Pero los científicos del GVP quieren predecir más cosas. ¿Cuánto tiempo durará la erupción? ¿Cuán peligrosa será?

Tipos de gases

Predecir las erupciones podría salvar muchas vidas. Mientras tanto, los científicos usan lo que saben sobre química para entender mejor los volcanes.

Los científicos saben que los volcanes están llenos de gases. El vapor de agua es el gas más común que hay en los volcanes. Pero también hay otros, como el dióxido de carbono y el dióxido de azufre. Cuando se liberan, esos gases pueden reaccionar con el aire. ¡Las combinaciones pueden ser mortales!

Los vulcanólogos usan un instrumento llamado termocupla para medir la temperatura de los volcanes. ¡Los termómetros de vidrio se derretirían por completo!

Dos geólogos miden un área donde se desplomó parte de un tubo de lava en Hawái.

Los vulcanólogos ya saben que el magma despide gases. Ahora, quieren entender cómo funcionan esas mezclas. Los tipos de gases que hay en el magma causan diferentes tipos de erupciones. Podrían ser erupciones explosivas. O la lava podría salir lentamente.

Los científicos recogen los gases en botellas. También usan sensores para medir los niveles de gas. Además de gases, recogen cenizas y rocas. Los científicos usan todas las muestras que toman para entender mejor los volcanes.

erupción volcánica en Islandia

Casi toda Islandia está formada por rocas volcánicas.

En el aire

Respira hondo. Los gases que acabas de inhalar vienen de l[os]
volcanes. Todos los gases que respiramos se originaron dentr[o]
planeta. Los seres humanos obtenemos de las plantas la mayo[r]
parte del oxígeno que respiramos. Pero, antes de que existiera[n]
las plantas, los volcanes crearon la atmósfera. Las erupciones
empujaron muchos gases hacia la superficie. Los gases luego [se]
mezclaron y crearon el aire.

El dióxido de carbono es otro gas que se libera en las erupci[ones]
Puede causar el **efecto invernadero**. Eso ocurre cuando una
sustancia contaminante, como el dióxido de carbono, queda
atrapada en la atmósfera y envía calor de regreso a la Tierra.

TECNOLOGÍA

Romper el hielo

Las fuentes de energía pueden ser perjudiciales. Algunas no
son "limpias". Pero Islandia podría tener una solución. Los
científicos de Islandia han perforado un volcán. Quieren usar
energía geotérmica. *Geotérmica* significa "calor de la tierra".
Las perforaciones hacen que suba vapor caliente desde el
volcán. El vapor hace funcionar una máquina que genera
electricidad. Esa idea no es costosa y produce mucha energía.

Creaciones volcánicas

Los vulcanólogos también saben que los volcanes ayudan a formar corteza nueva. La corteza nueva se forma en los límites de las placas tectónicas en los océanos. Las erupciones expulsan magma, que después se enfría y se convierte en corteza.

Los volcanes son una importante razón por la que tenemos tierra donde caminar. Pero con toda esa corteza nueva que se forma, ¿por qué la Tierra no es cada vez más grande?

Un proceso llamado **subducción** evita que el planeta crezca demasiado. La subducción empuja la corteza sobrante debajo de la corteza vieja. La corteza sobrante regresa al manto caliente y se derrite.

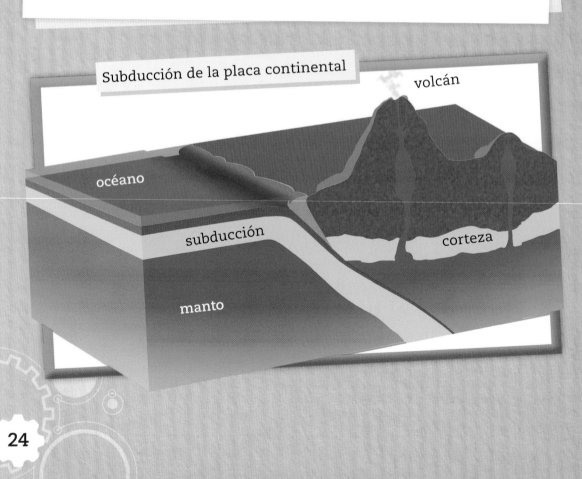

Subducción de la placa continental

volcán

océano

subducción

corteza

manto

Los volcanes también son la razón por la que tenemos océanos. En las erupciones de los primeros volcanes, salió vapor de agua. Más adelante, el planeta se enfrió. El vapor de agua cayó en forma de lluvia. La lluvia luego se acumuló y se formaron los océanos. ¡Todo eso pasó gracias a los volcanes!

Un volcán submarino entra en erupción y envía cenizas al aire.

Estas chimeneas liberan líquidos calentados por magma en un océano.

ruinas de Pompeya

cuerpo en Pompeya

Surgir de las cenizas

Las ruinas de Pompeya son impactantes. Hay pilares de piedra solitarios y dispersos en grupos. Hay cuerpos cubiertos de lodo volcánico seco que quedaron congelados en el tiempo. Pareciera que nada cambió en los años que pasaron desde que esas personas vivieron y respiraron.

El monte Vesubio es un ejemplo del poder aterrador de los volcanes. Pero si no existieran los volcanes, no habría oxígeno para respirar. No habría tierra por donde caminar. No habría océanos donde nadar.

Los vulcanólogos de todo el mundo trabajan juntos en grupos como el GVP. Esos grupos seguirán aprendiendo, descubriendo y enseñando. Gracias a ellos, sabemos más sobre el pasado de nuestro planeta. Y, como resultado, sabemos más sobre el futuro.

Estos vulcanólogos registran la ubicación de un volcán.

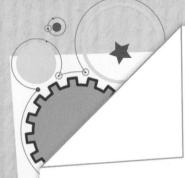

Define el problema

Los vulcanólogos del GVP todavía están desarrollando métodos para entender mejor los volcanes. Mientras tanto, ¿qué podemos hacer para que sea más seguro vivir cerca de un volcán activo? Tu tarea es diseñar y construir una estructura que proteja una bolita de algodón en un modelo de erupción volcánica.

Limitaciones: La estructura debe estar hecha solo de papel.

Criterios: La estructura de papel debe evitar que la lava toque la bolita de algodón.

Investiga y piensa ideas

¿Cuáles son los peligros de vivir cerca de un volcán? ¿Cómo puedes proteger a las personas? ¿Usarás materiales que sean resistentes a la lava o eso alterará el flujo de la lava?

Diseña y construye

Después de hacer una lista de diferentes posibilidades, decide qué medida(s) de seguridad tomarás. Bosqueja tu diseño y construye un modelo para probar tus soluciones.

Prueba y mejora

Coloca la estructura a unos 15 centímetros (6 pulgadas) de distancia de un modelo de volcán y, luego, haz que el volcán entre en erupción. ¿Hasta dónde llegó la lava? ¿Qué elementos fueron alcanzados por la lava? ¿La lava tocó la bolita de algodón? ¿Qué mejoras puedes hacer? Modifica tu diseño y vuelve a intentarlo.

Reflexiona y comparte

¿Cómo afectarían tu diseño diferentes tipos de erupciones volcánicas? ¿Crees que tu diseño podría brindar protección ante una erupción volcánica? ¿Cómo podrías mejorar el diseño?

Glosario

archivo: un lugar donde se guarda información

cámara magmática: el lugar donde se almacena el magma de los volcanes antes de una erupción

cenizas: polvo de roca fino

chimenea: una abertura por donde escapa un gas o un líquido o por donde se libera presión

composición: de lo que está hecha una cosa

convección: en un gas o un líquido, movimiento en el que las partes más calientes van hacia arriba y las partes más frías van hacia abajo

efecto invernadero: el calentamiento de la atmósfera de la Tierra, causado por la contaminación del aire

flujos piroclásticos: avalanchas de gases calientes y lava

fragmentos: partes pequeñas

frecuencia: cuán a menudo ocurre un suceso

geología: el estudio de la Tierra y su historia

piroclásticas: formadas por rocas, gases y magma expulsados por un volcán

placas tectónicas: las piezas sólidas de la corteza terrestre

pronosticar: calcular o predecir según el estudio de los datos disponibles

subducción: el reciclaje de la corteza terrestre

viscosidad: cuán espeso o pegajoso es un líquido

Índice

CONSEJOS PROFESIONALES
del Smithsonian

¿Quieres ser vulcanólogo?
Estos son algunos consejos para empezar.

"Me encantan las ciencias desde que era pequeña. Hacía experimentos de ciencias con mi papá. No necesitas ser un genio de las matemáticas en la escuela para dedicarte a las ciencias. Más bien, tienes que poder trabajar en equipo, comunicarte y contarles a las personas tus ideas. Busca algo que te encante. Luego, busca mentores que puedan enseñarte todo lo que saben. Muy pronto, te convertirás en el maestro de las generaciones futuras".
—*Liz Cottrell, geóloga*

"Yo quería ser científico porque me encantaban las ciencias y jugar al aire libre. Hoy soy geólogo y estudio volcanes. Visito los volcanes y observo sus erupciones desde una distancia segura. Uso cámaras de video y de temperatura para registrar lo que sucede. Se necesita saber de terremotos y de geología, y también de computadoras, para simular un volcán de manera segura en un laboratorio". —*Ben Andrews, geólogo*